Prescrivere I Paisleys

Libro Da Colorare Adulto Lo
Stress Alleviare Modelli Edition

Coloring Bandit

Pubblicato da Speedy Publishing Canada Limited

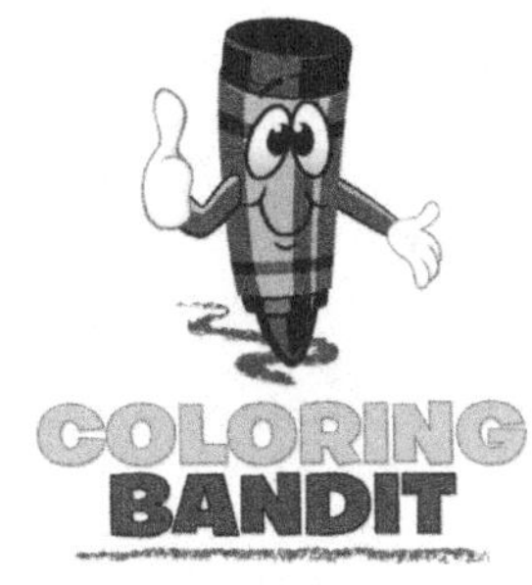

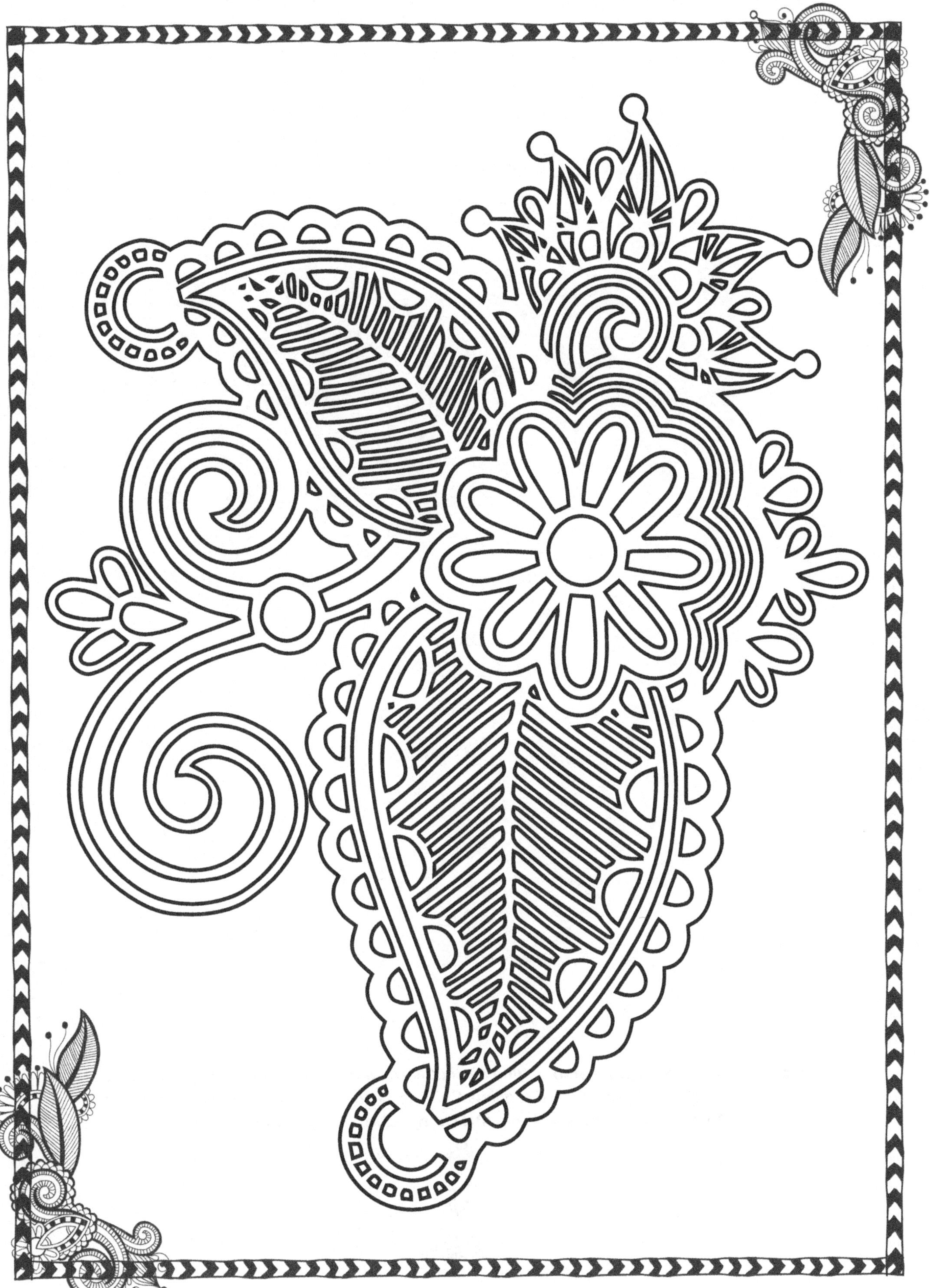

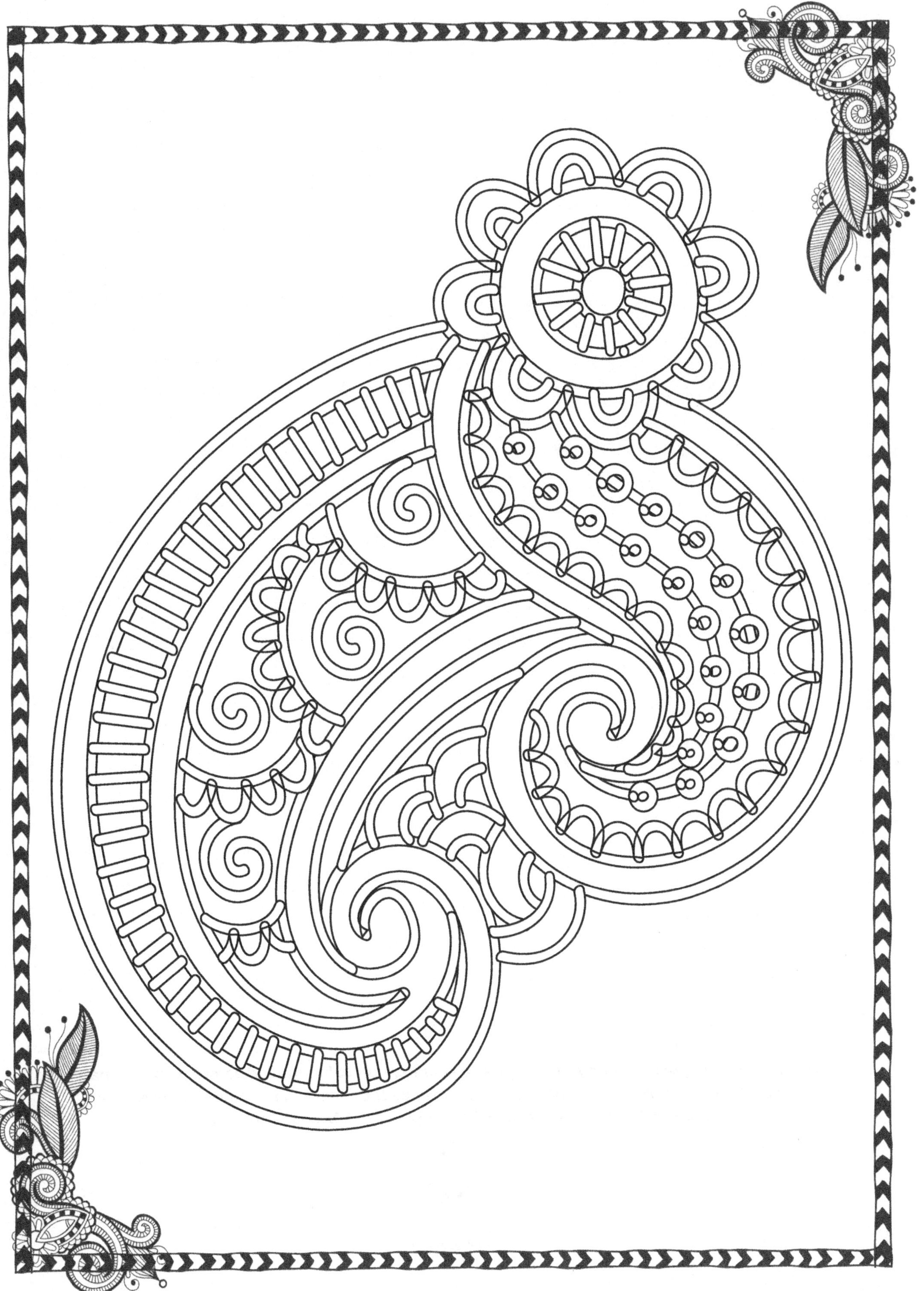

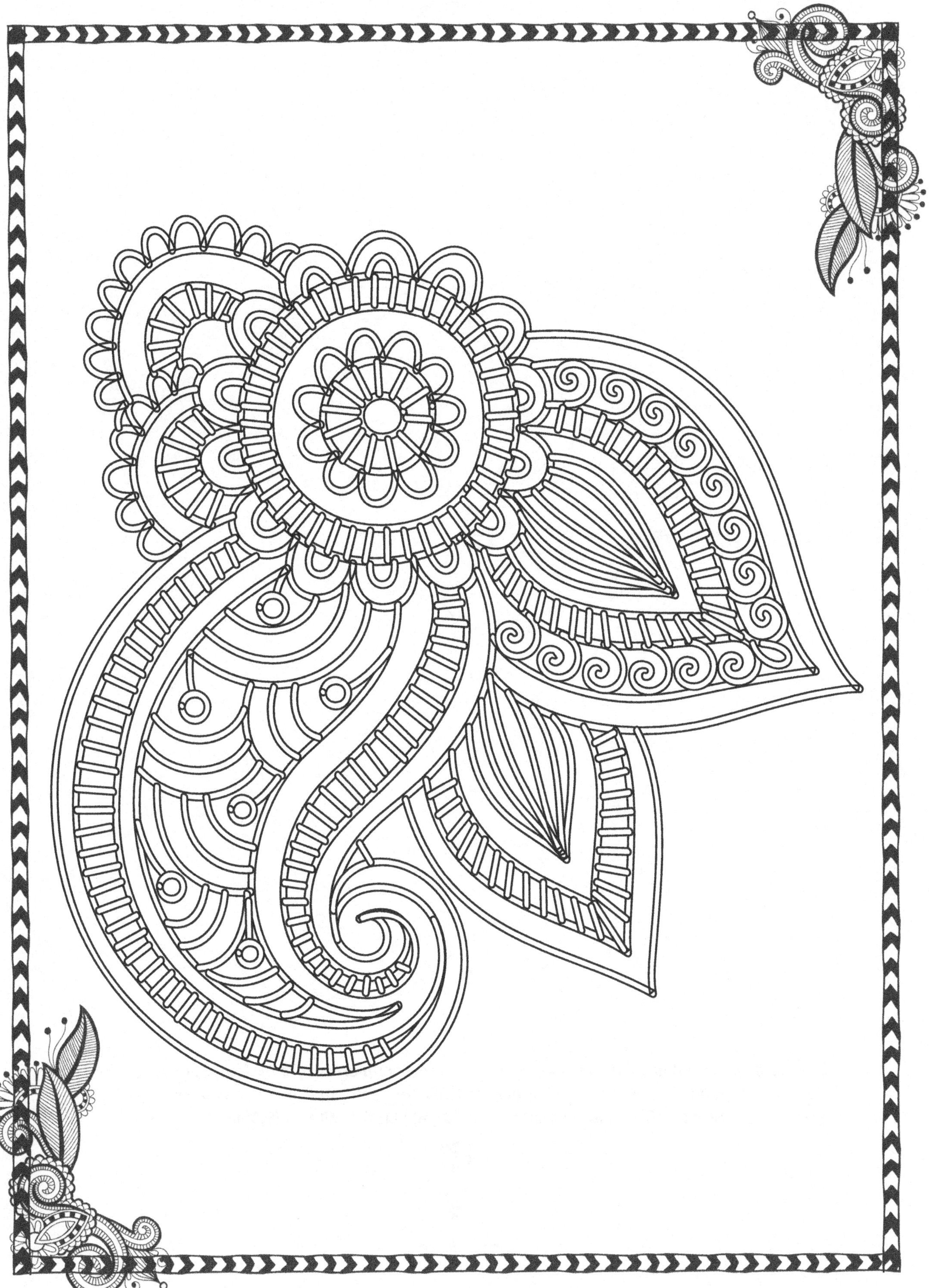

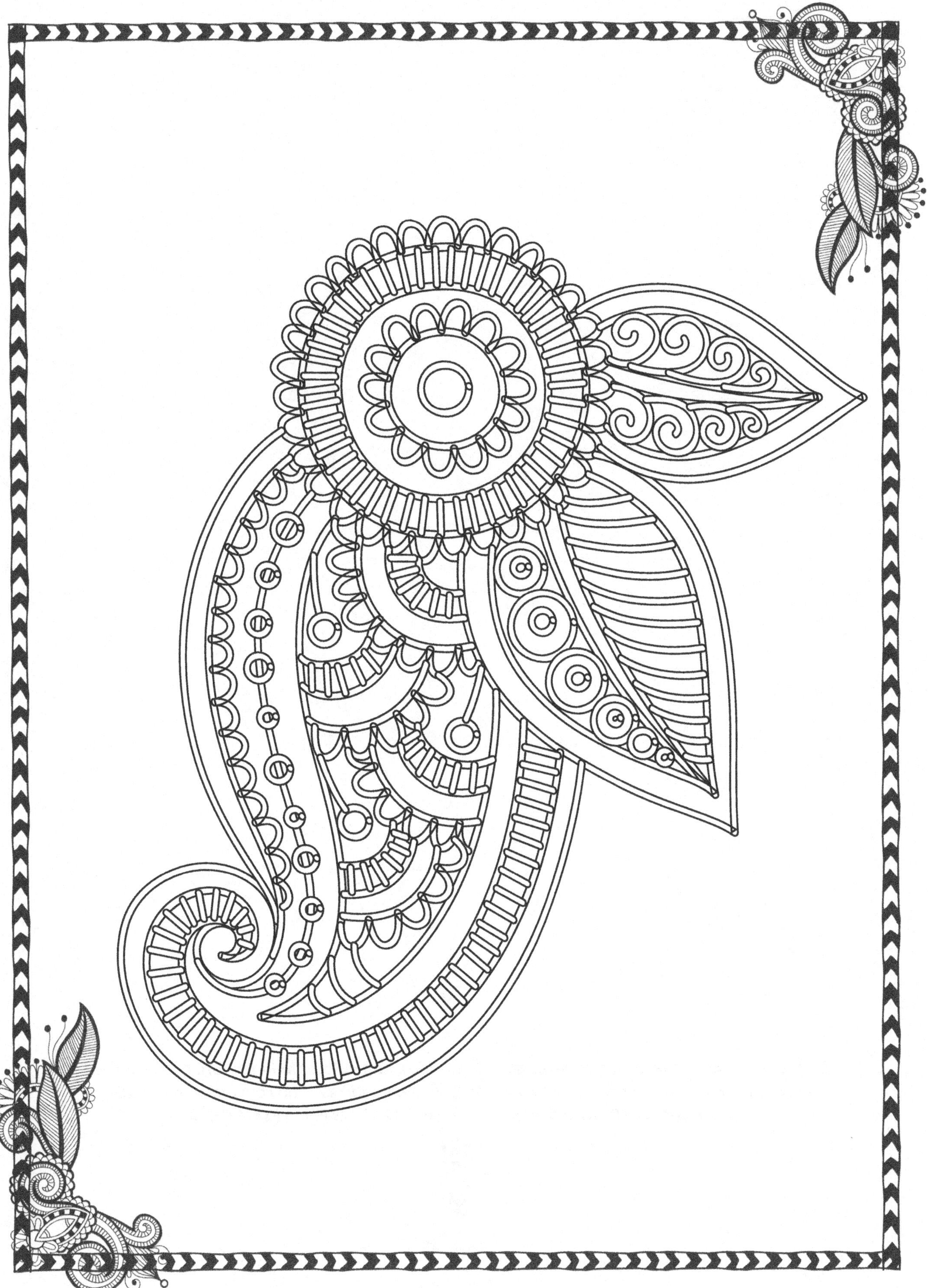

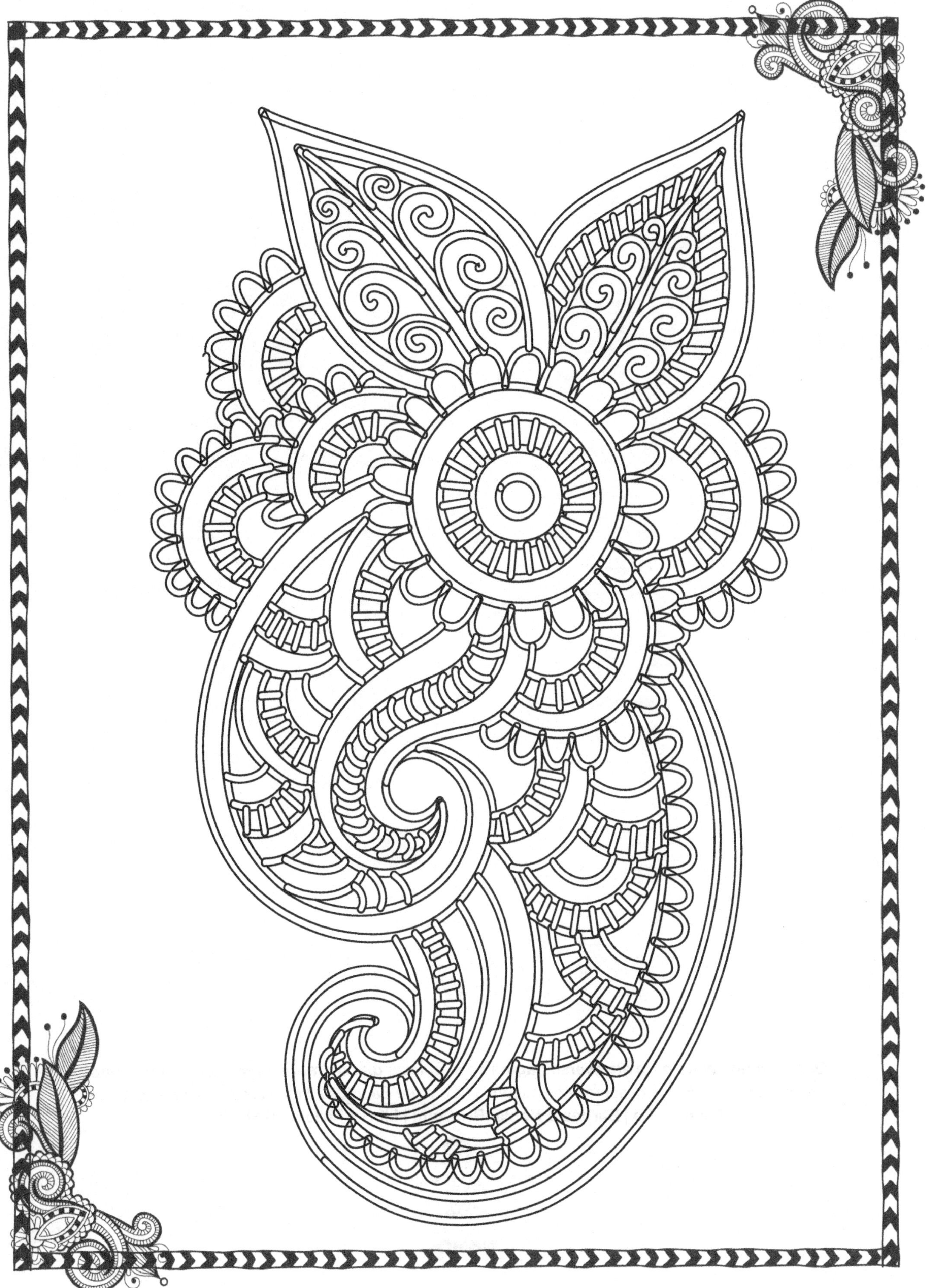

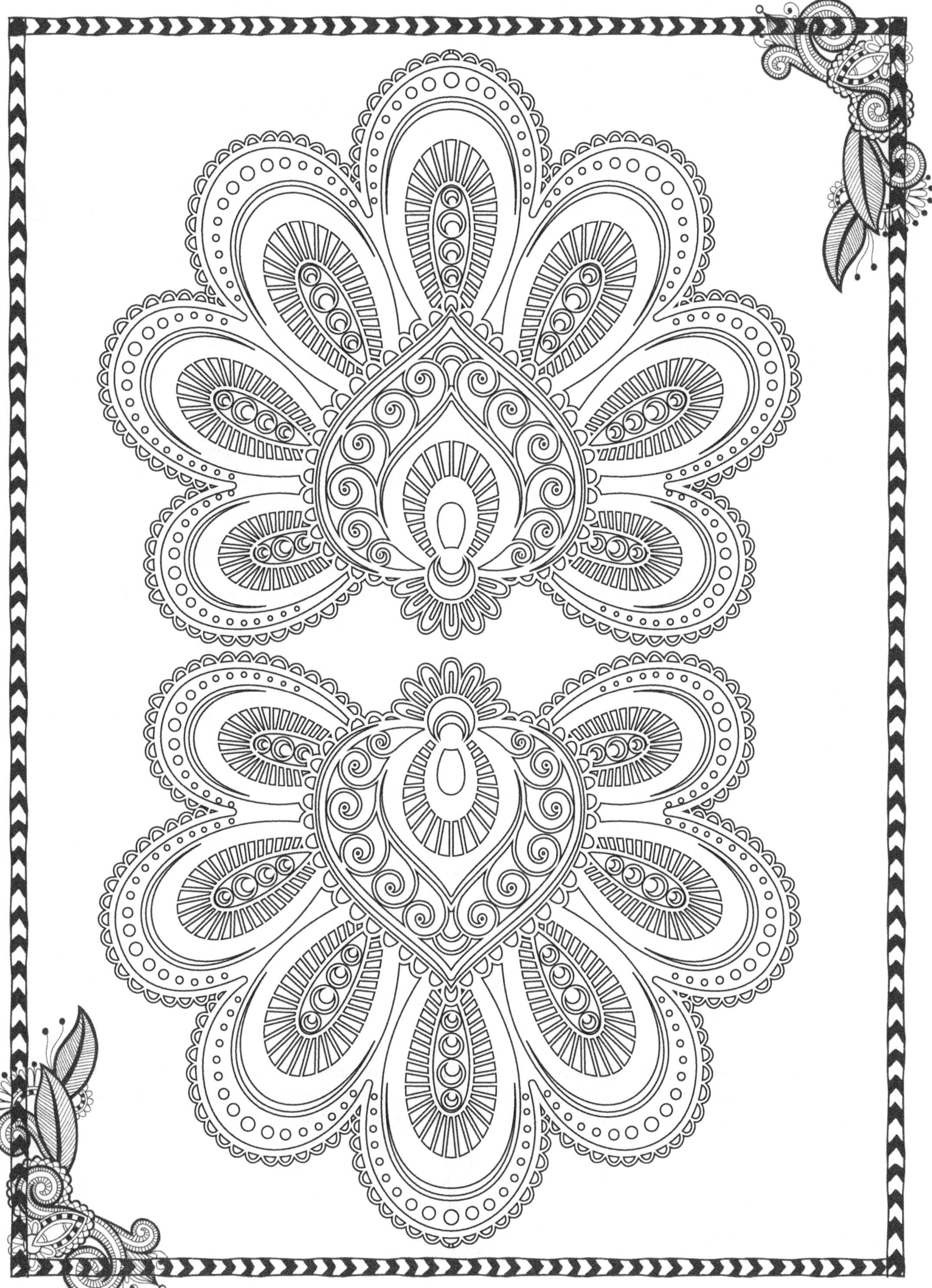

Questo è un sanguinare attraverso pagina se si utilizza un colorante indicatore o una penna!

Trovare altri grandi titoli di ricerca per disegni da <u>Colorare Bandit</u> *su Il tuo libro preferito rivenditore*

Amazon.Ca | Barnes & Noble (BN.Com) | Libri 1 Milione (BAM.Com)

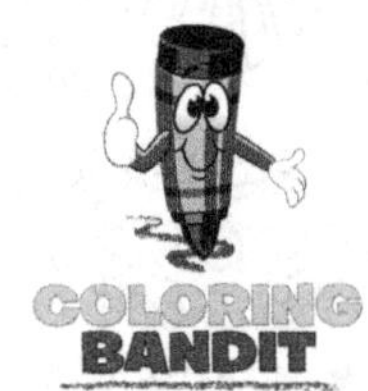

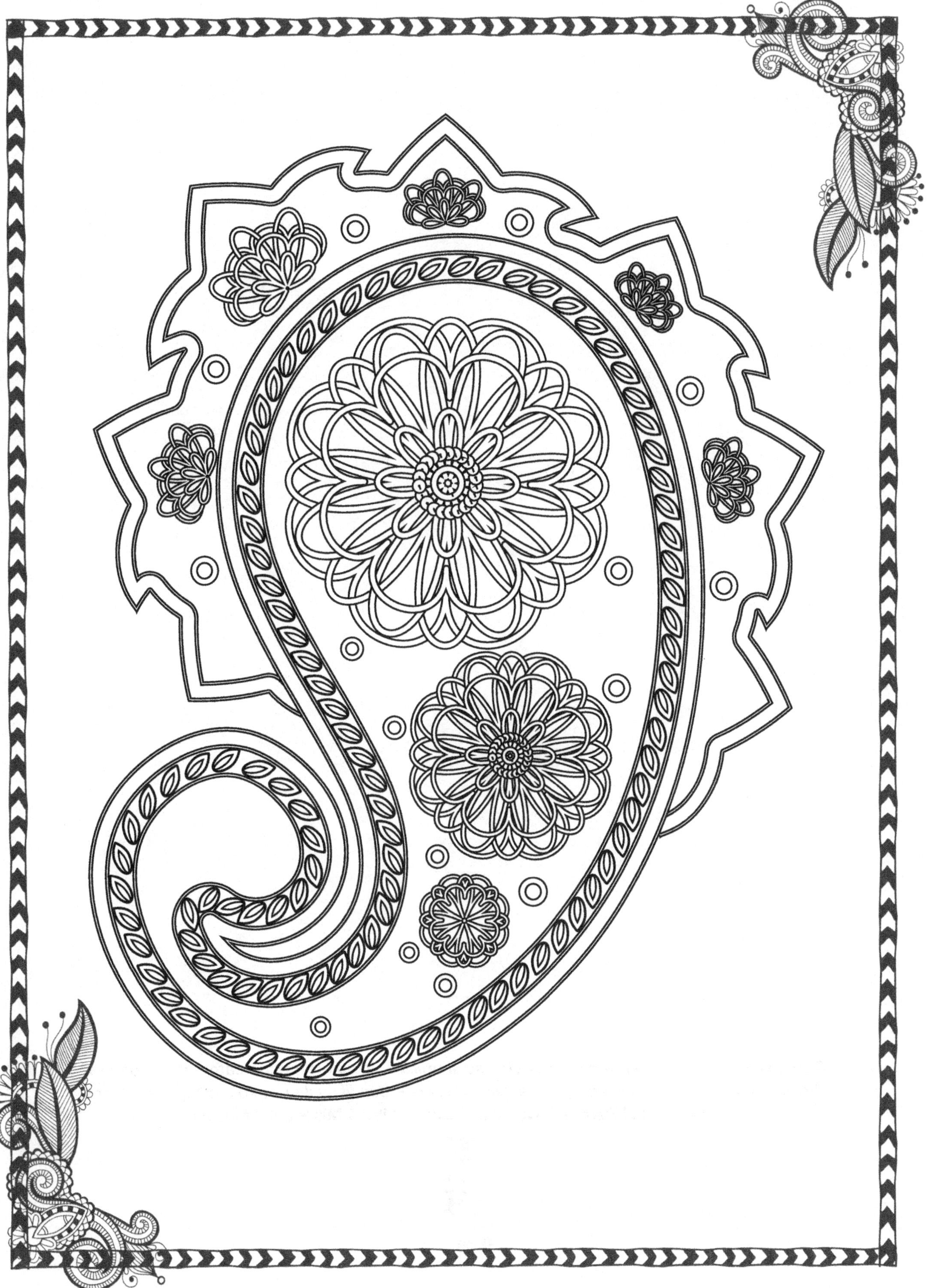

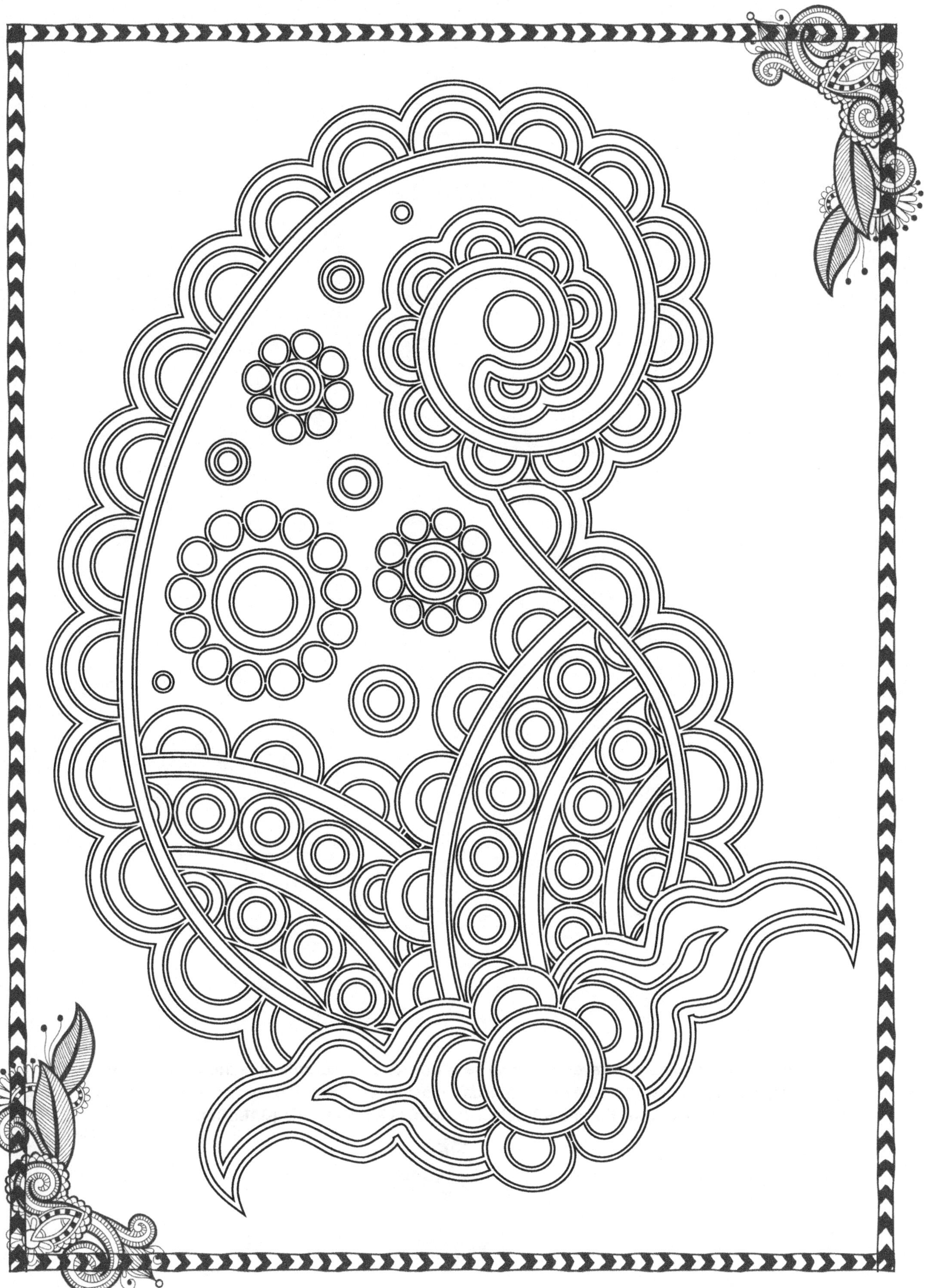

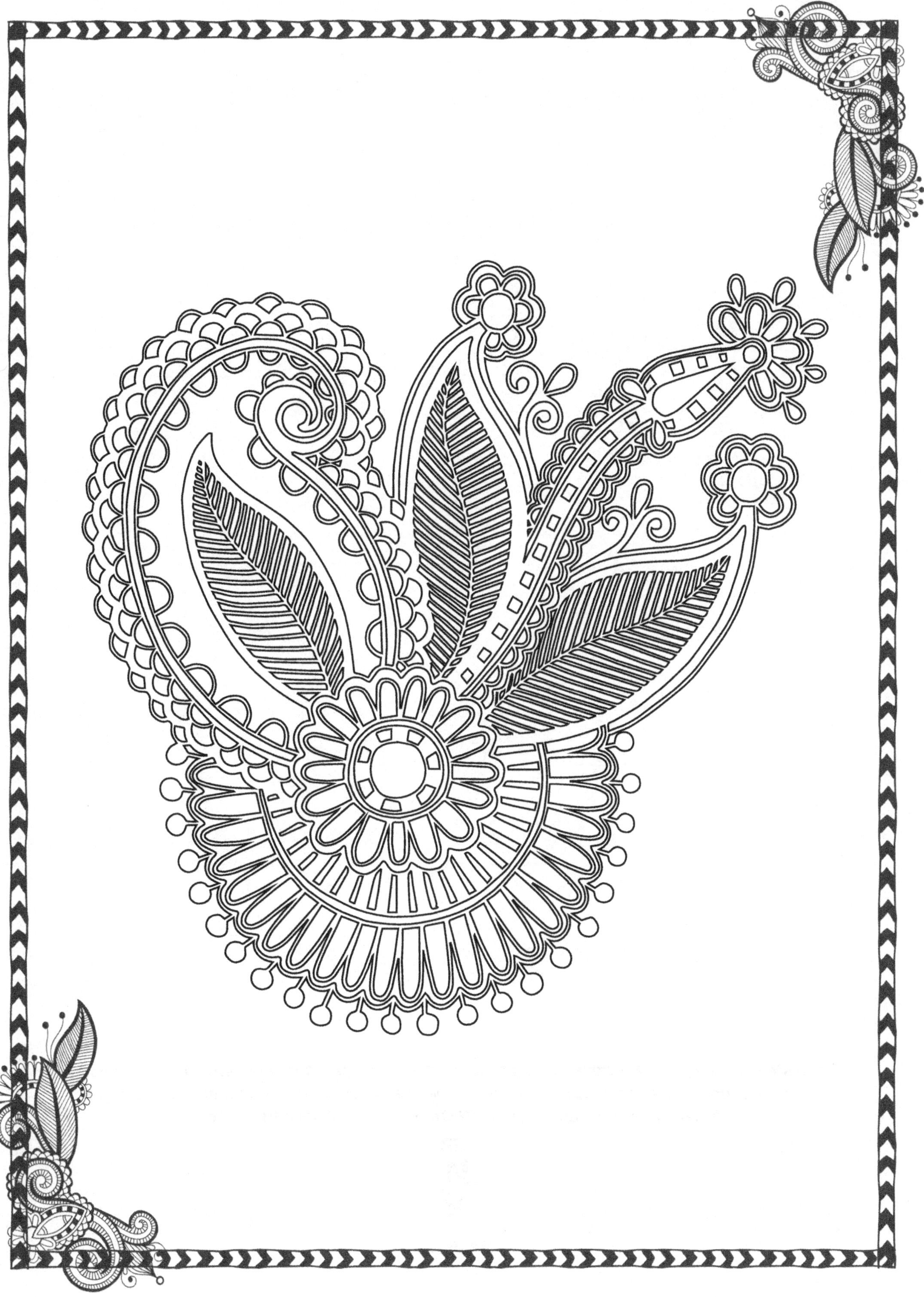

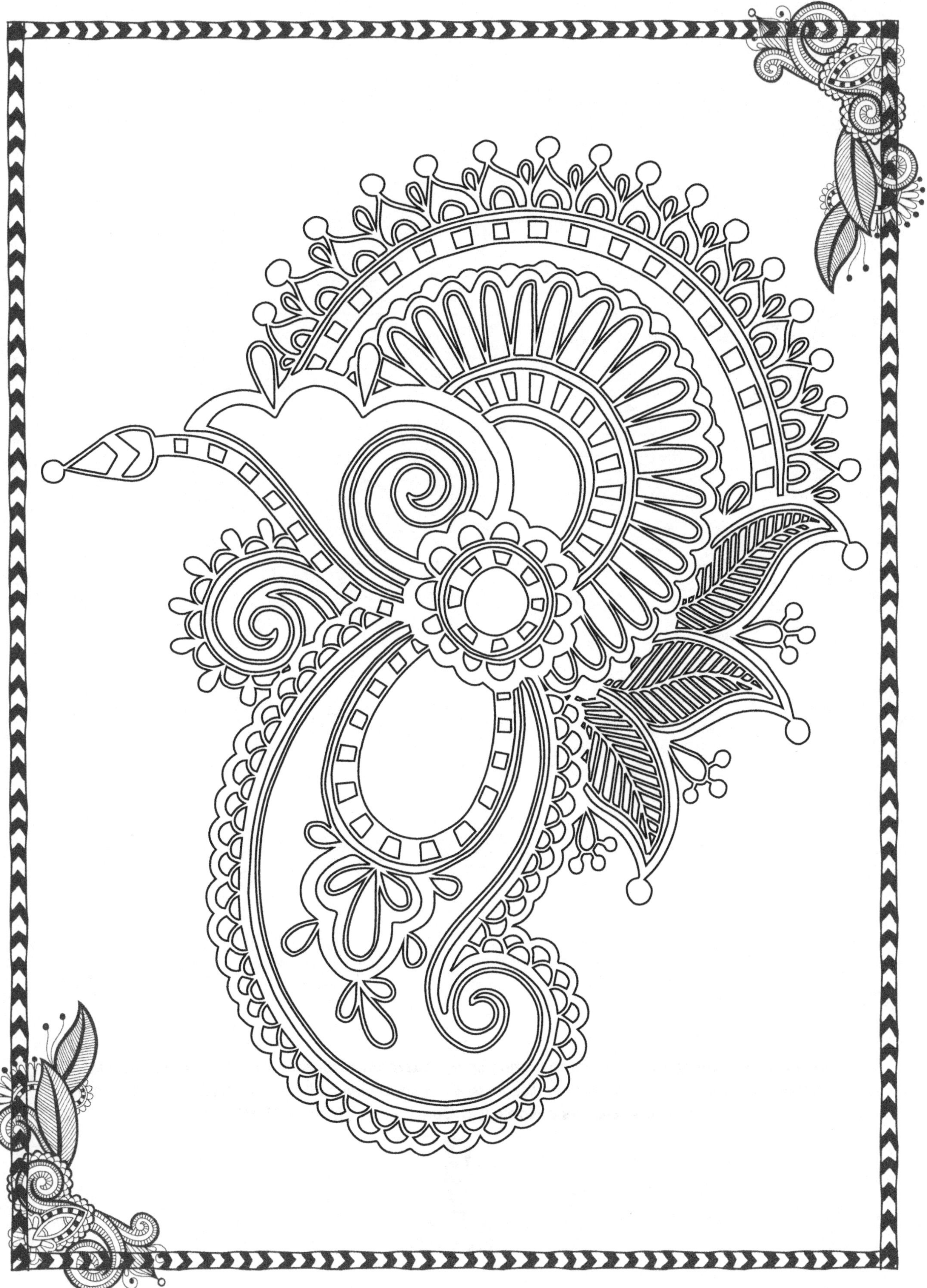

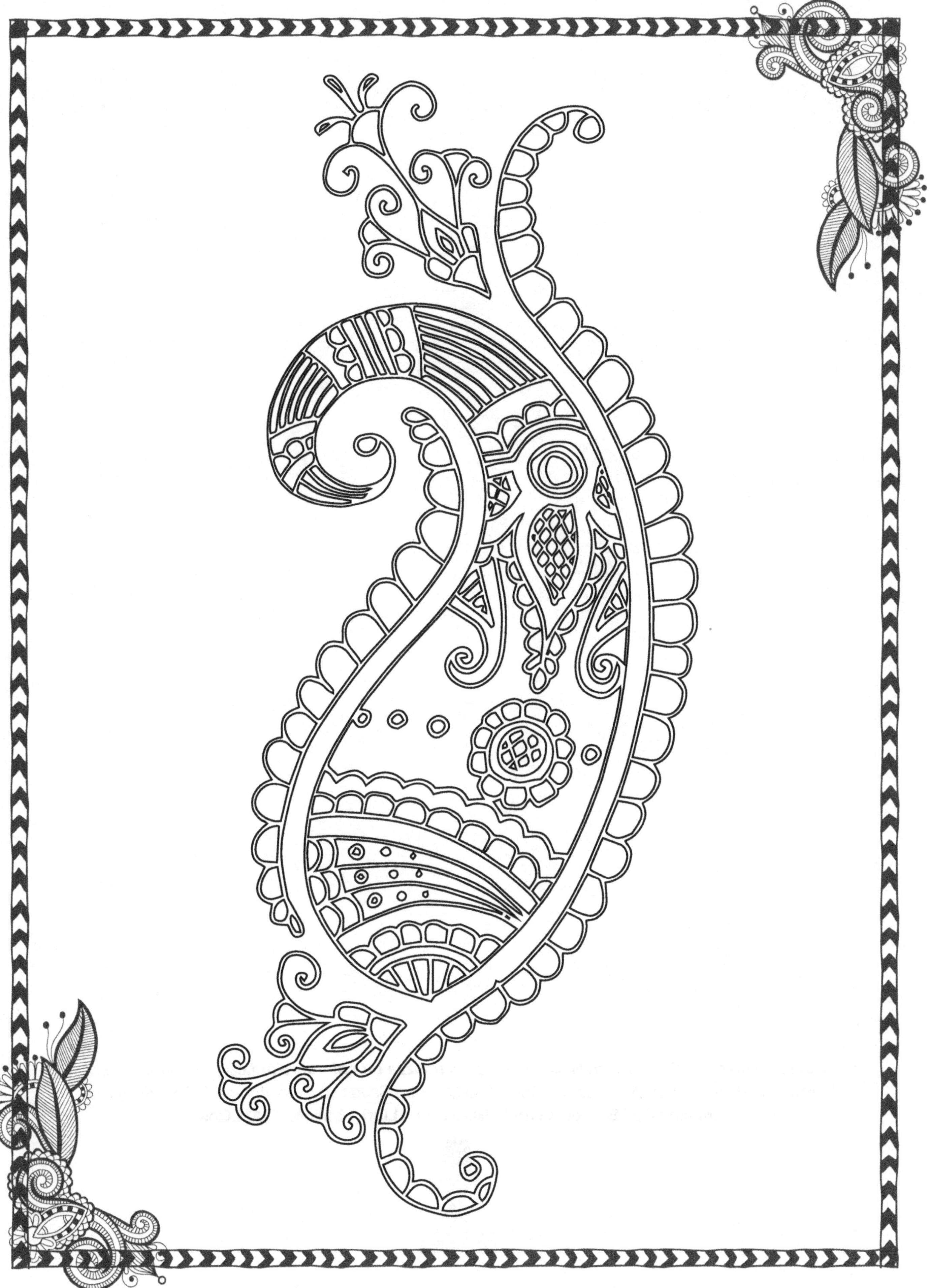

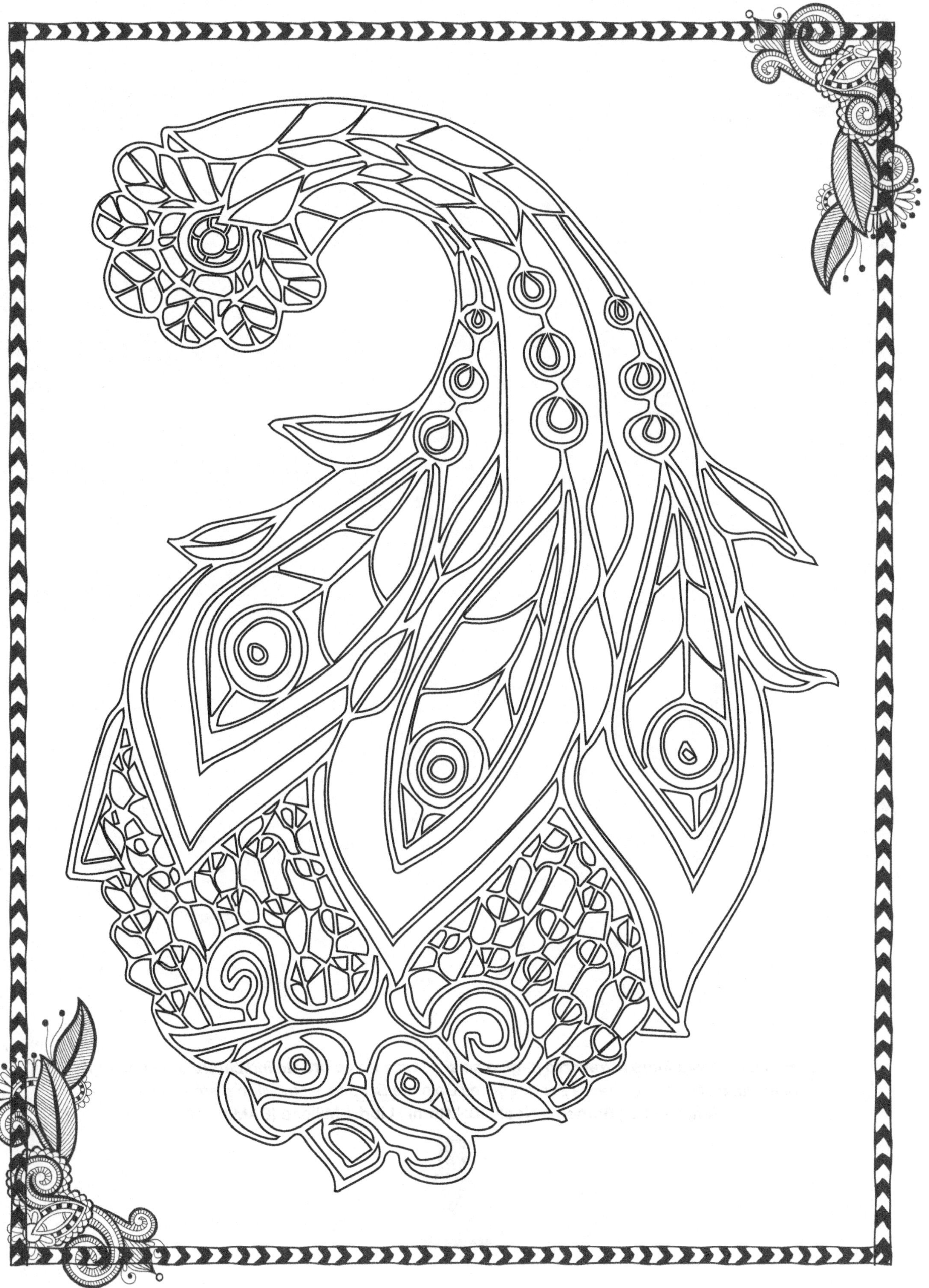

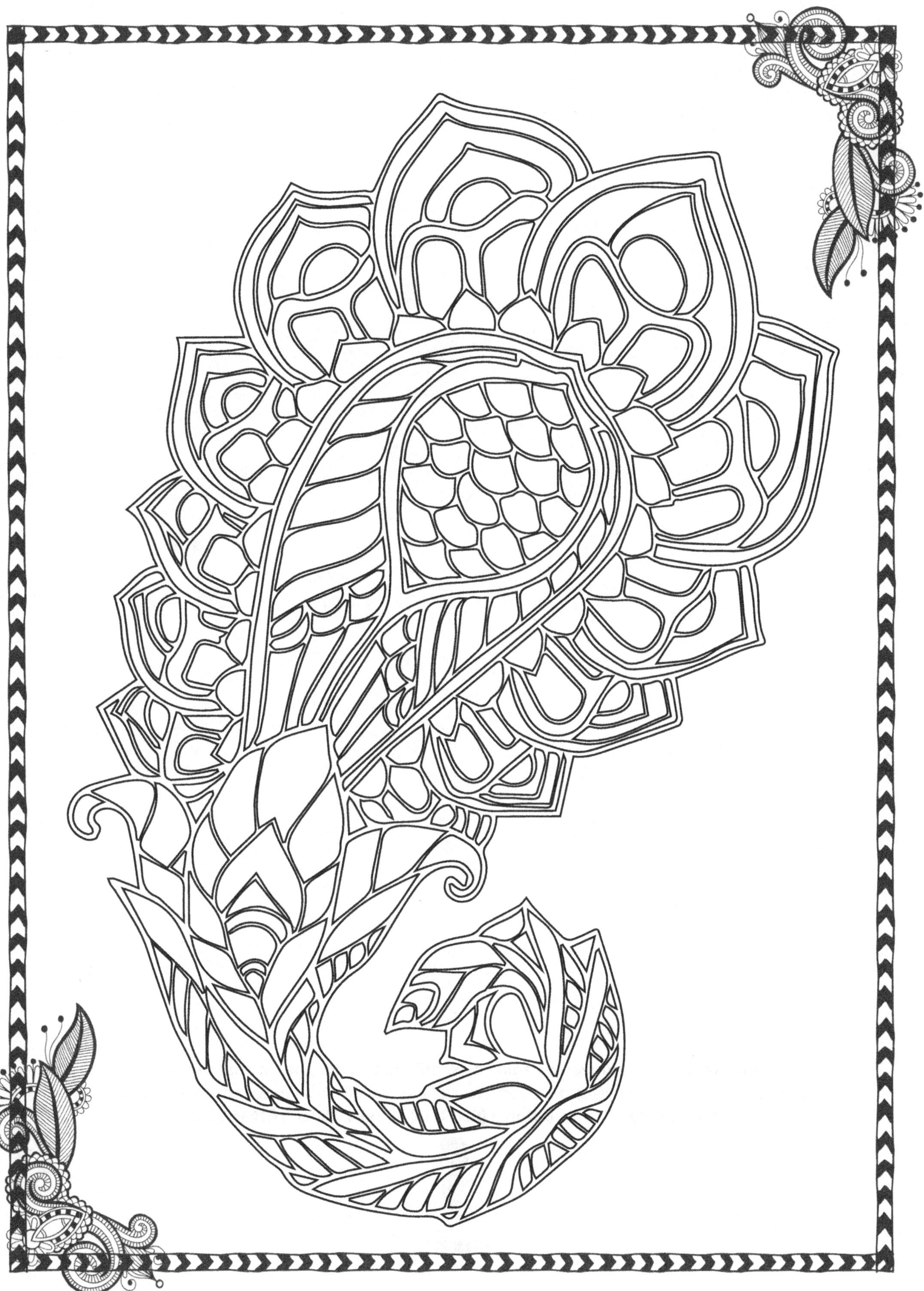

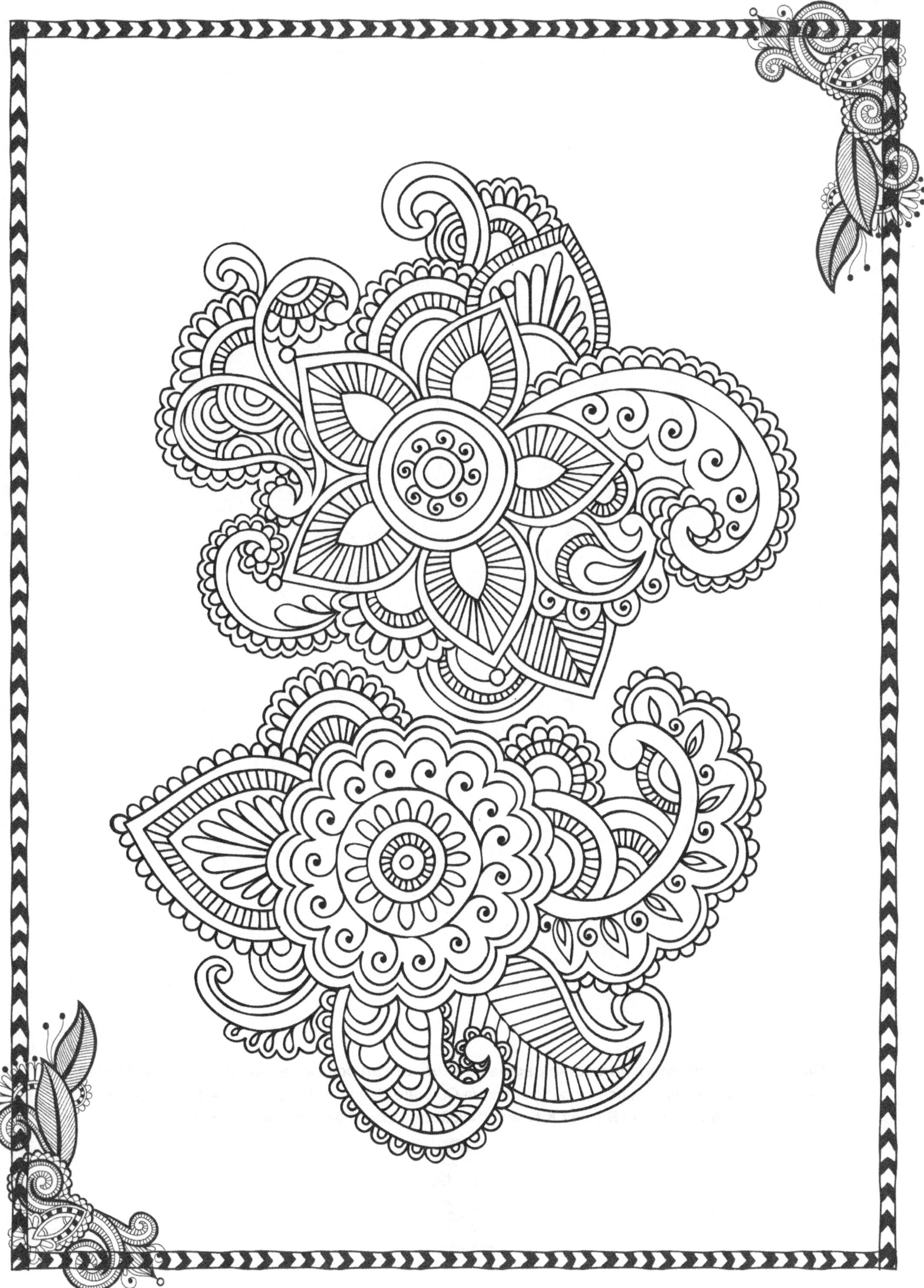

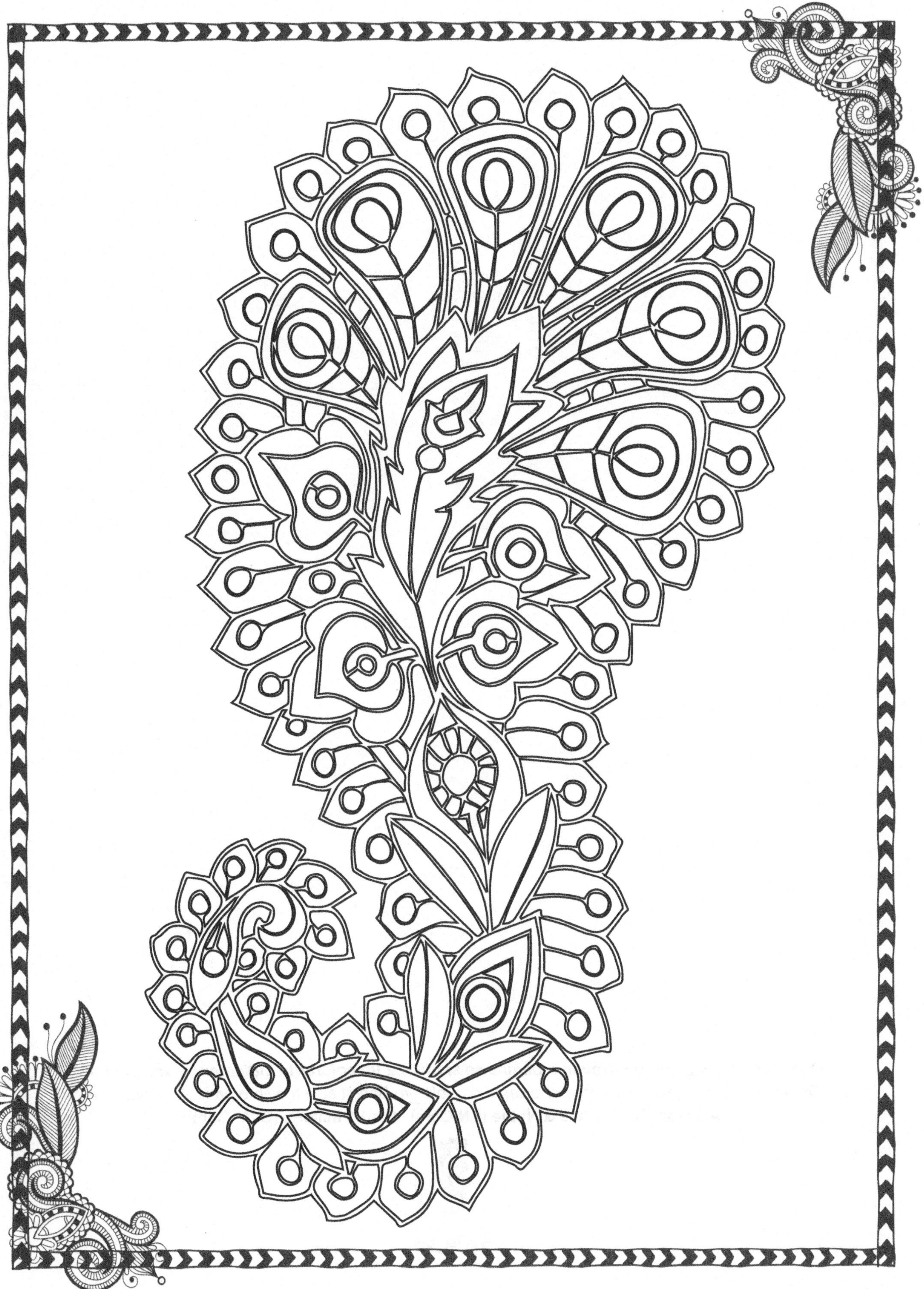

Questo è un sanguinare attraverso pagina se si utilizza un colorante indicatore o una penna!
Trovare altri grandi titoli di ricerca per disegni da Colorare Bandit su Il tuo libro preferito rivenditore
Amazon.Ca | Barnes & Noble (BN.Com) | Libri 1 Milione (BAM.Com)

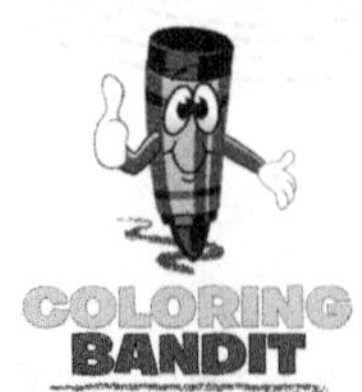

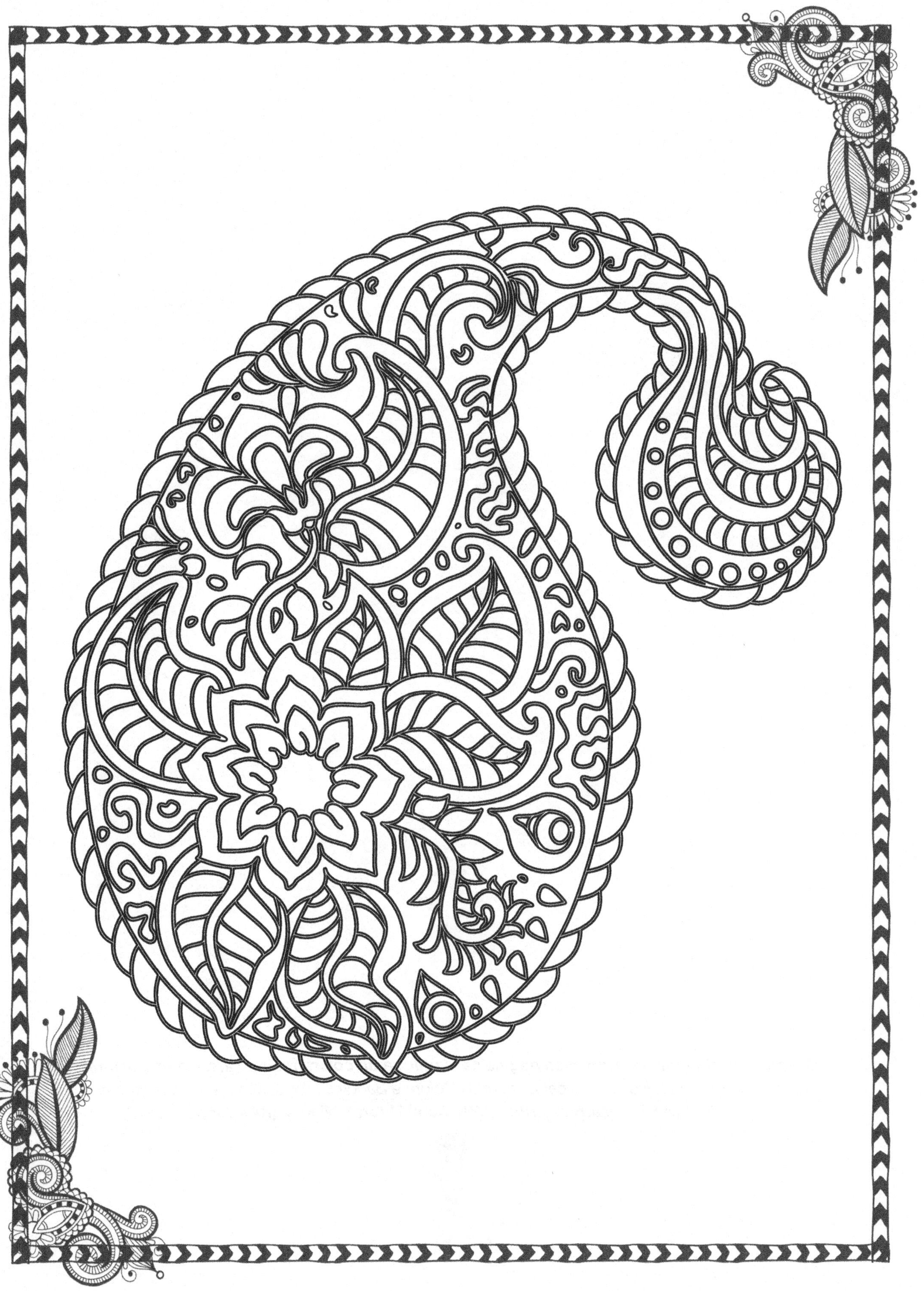

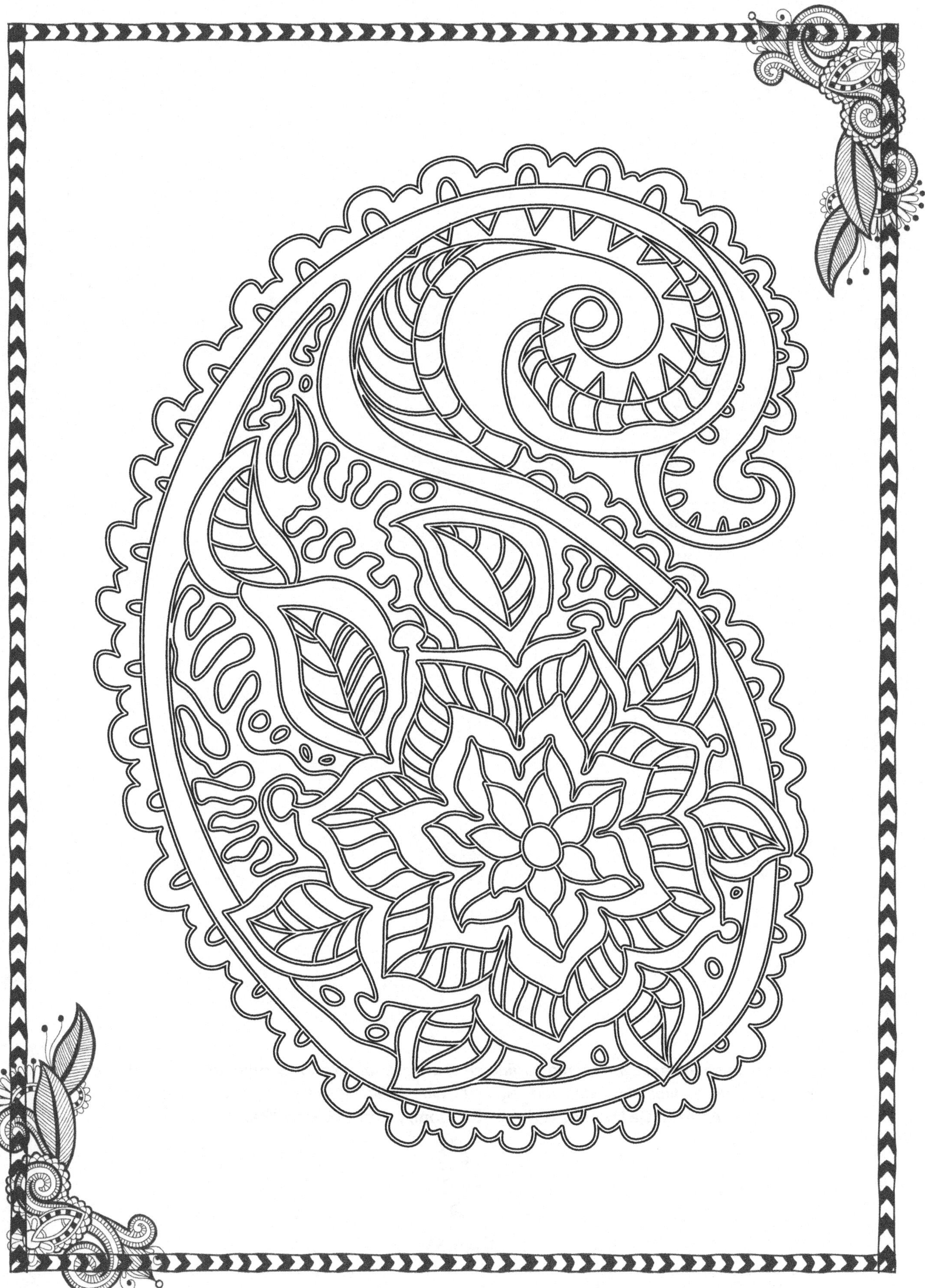

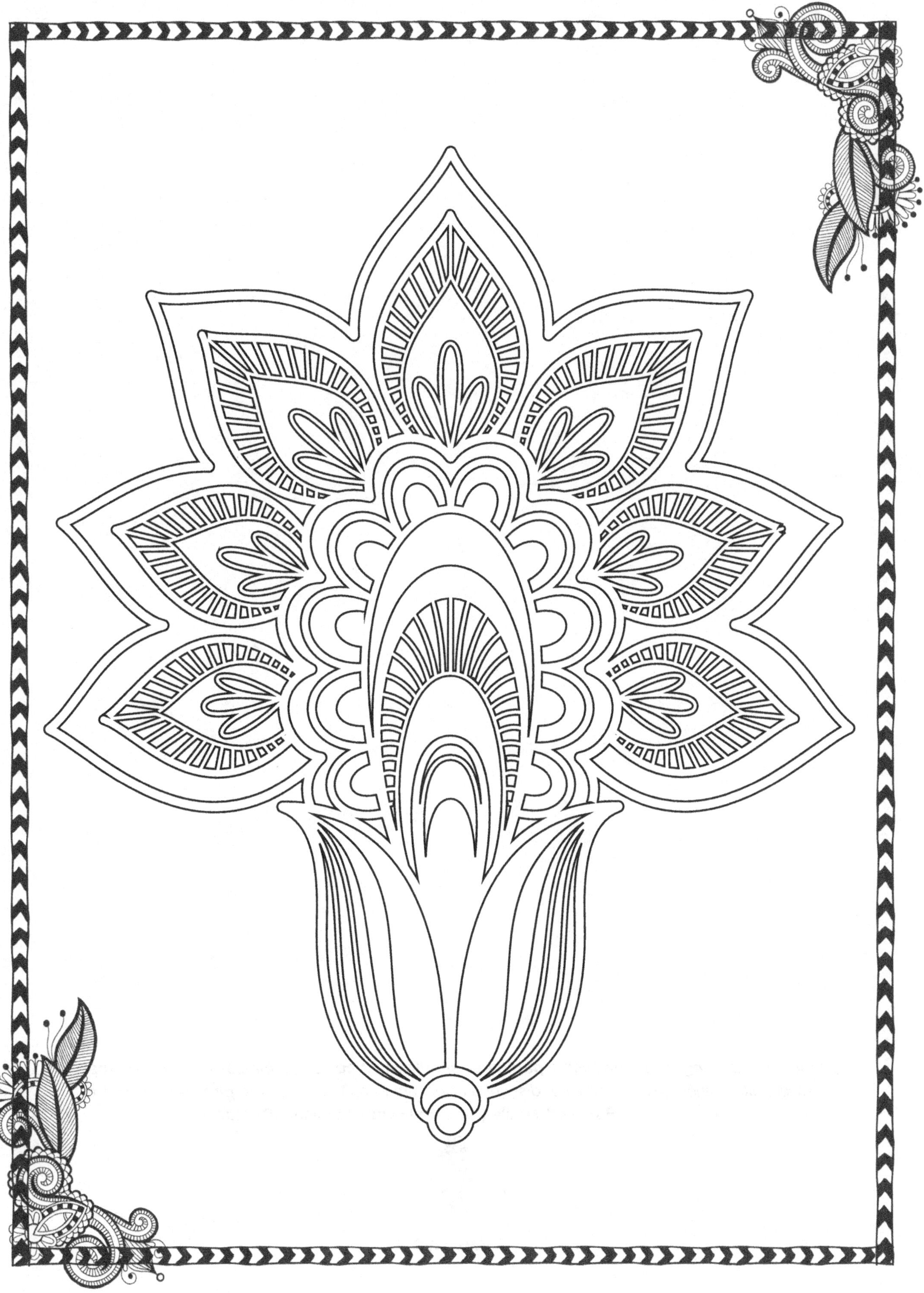

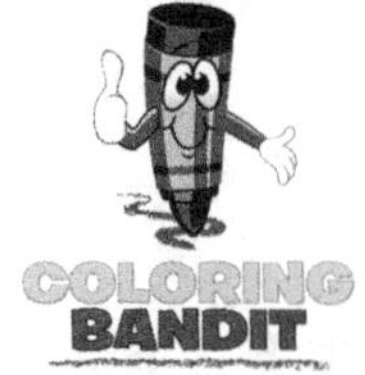

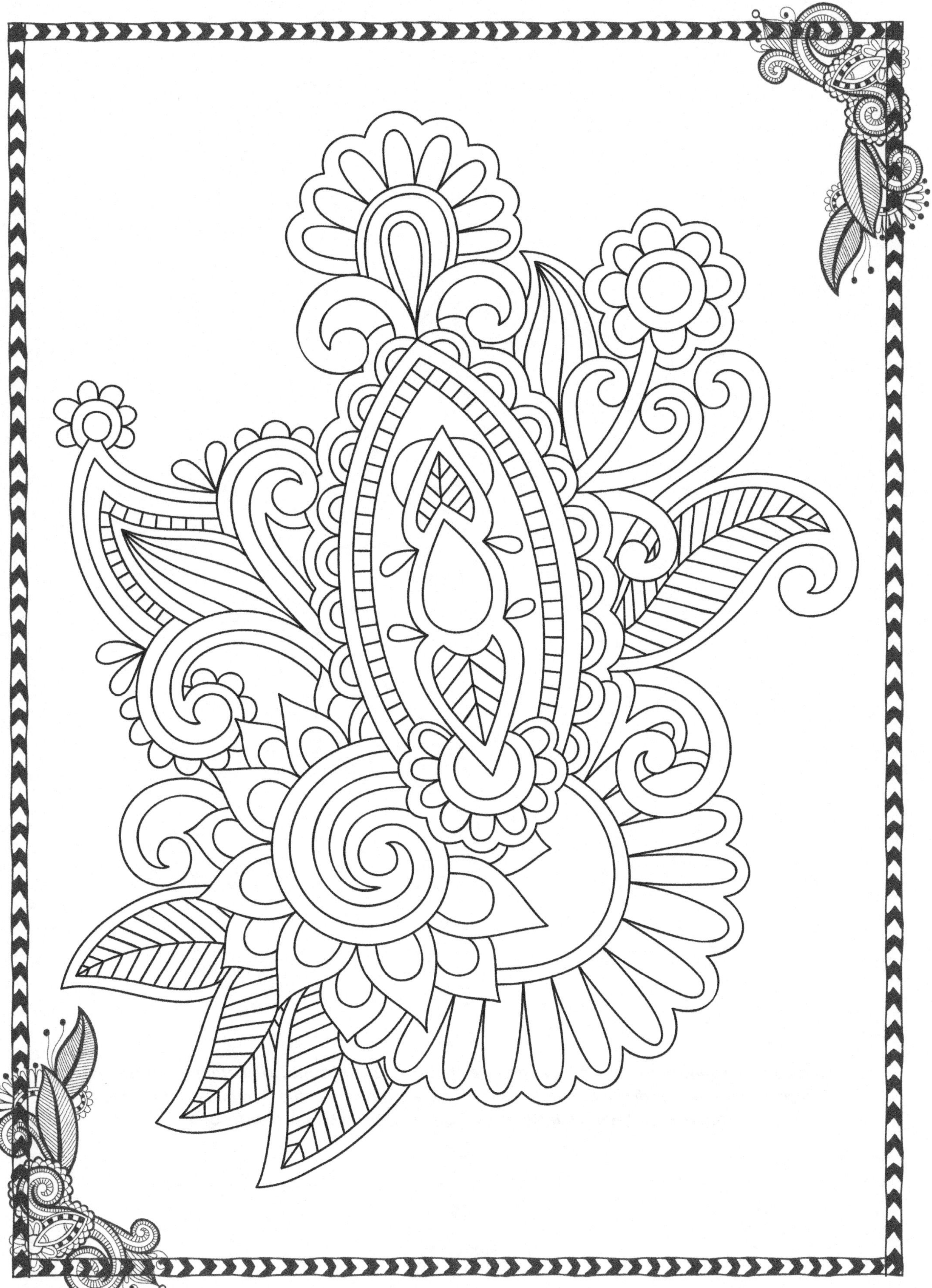

Made in the USA
Monee, IL
07 July 2026